माँ गंगा, घाटें एवं उत्सव

(काशी के घाटों का एक झलक)

डॉ. जगदीश पिल्लई

|| श्री काशी विश्वनाथ को समर्पित ||

क्रम-सूची

क्रम-सूची

प्रार्थना - विश्वनाथष्टकम्

गङ्गातरङ्ग रमणीय जटाकलापं
गौरीनिरन्तरविभूषितवामभागम् ।
नारायणप्रियमनङ्गमदापहारं
वाराणसीपुरपतिं भज विश्वनाथम् ॥ १ ॥

वाचामगोचरमनेकगुणस्वरूपं
प्वारार्गीथनाशविष्णुसुरसेवितपादपीठम् ।
वामेन विग्रहवरेण कलत्रवन्तं
वाराणसीपुरपतिं भज विश्वनाथम् ॥ २ ॥

भूताधिपं भुजगभूषणभूषिताङ्गं
व्याघ्राजिनाम्बरधरं जटिलं त्रिनेत्रम् ।
पाशाङ्कुशाभयवरप्रदशूलपाणिं
वाराणसीपुरपतिं भज विश्वनाथम् ॥ ३ ॥

शीतांशुशोभितकिरीटविराजमानं
भालेक्षणानलविशोषितपञ्चबाणम् ।
नागाधिपारचितभासुरकर्णपूरं
वाराणसीपुरपतिं भज विश्वनाथम् ॥ ४ ॥

पञ्चाननं दुरितमत्तमतङ्गजानां
नागान्तकं दनुजपुङ्गवपन्नगानाम् ।
दावानलं मरणशोकजराटवीनां
वाराणसीपुरपतिं भज विश्वनाथम् ॥ ५ ॥

तेजोमयं सगुणनिर्गुणमद्वितीयं
आनन्दकन्दमपराजितमप्रमेयम् ।

नागात्मकं सकलनिष्कलमात्मरूपं
वाराणसीपुरपतिं भज विश्वनाथम् ॥ ६ ॥

आशां विहाय परिहृत्य परस्य निन्दां
पापे रतिं च सुनिवार्य मनः समाधौ ।
आदाय हृत्कमलमध्यगतं परेशं
वाराणसीपुरपतिं भज विश्वनाथम् ॥ ७ ॥

रागादिदोषरहितं स्वजनानुरागं
वैराग्यशान्तिनिलयं गिरिजासहायम् ।
माधुर्यधैर्यसुभगं गरलाभिरामं
वाराणसीपुरपतिं भज विश्वनाथम् ॥ ८ ॥

वाराणसीपुरपतेः स्तवनं शिवस्य
व्याख्यातमष्टकमिदं पठते मनुष्यः ।
विद्यां श्रियं विपुलसौख्यमनन्तकीर्तिं
सम्प्राप्य देहविलये लभते च मोक्षम् ॥ ९ ॥

इति श्रीव्यासकृतम् विश्वनाथष्टकम पूर्ण ॥

लेखक का

डॉ. जगदीश पिल्लई एक उत्साही पाठक, लेखक और सच्चे शोध विद्वान है जिनका का जन्म भगवान शिव के नगरी वाराणसी में हुआ था। वह वैदिक विज्ञान में पी.एच.डी. किया हुआ है| वह जन्मजात गुणों, रचनात्मक विचारों और कई उल्लेखनीय उपलब्धियों के साथ एक बहुआयामी पॉलीमैथ है। यद्यपि उनकी जड़ें "गॉड्स ओन कंट्री" (केरल) तक फैली हुई हैं| वाराणसी के निवासी उन पर गर्व महसूस करते हैं और उन्हें वाराणसी के एक बच्चे के रूप में मानते हैं जो बिना किसी अपेक्षा के हर व्यक्ति की जरूरत को पूरा करता है। उनकी प्रोफाइल के गहन अध्ययन से पता चलता है कि उन्होंने कामयाबी के कई सारे पंख जोड़े हैं जो उन्हें काफी अनोखा बनाते हैं। वह निम्नलिखित विषयों में चार बार गिनीज बुक ऑफ वर्ल्ड रिकॉर्ड धारक हैं:

(1) "स्क्रिप्ट टू स्क्रीन" जो उन्होंने कनाडा के लोगों द्वारा पहले के सेट रिकॉर्ड को तोड़कर कम से कम समय के भीतर कला एनीमेशन फिल्म का निर्माण और निर्देशन करके हासिल की। उनके नाम पर कई राष्ट्रीय और अंतर्राष्ट्रीय पुरस्कार और सम्मान भी हैं।

(2) पोस्ट कार्ड की सबसे लंबी लाइन जो उन्होंने 16300 पोस्ट कार्डों द्वारा भारतीय डाक दिवस के 163 साल के अवसर पर की है। यह कार्यक्रम भारतीय ध्वज के बारे में एक प्रश्नावली से भी जुड़ा था।

(3) सबसे बड़ा पोस्टर जागरूकता अभियान - यह "बेटी बचाओ - बेटी पढाओ" विषय पर जागरूकता अभियान तैयार करके प्राप्त किया गया था।

(4) सबसे बड़ा लिफाफा - प्रधानमंत्री की पहल 'मेक इन इंडिया' को श्रद्धांजलि के लिए - उन्होंने रद्दी कागजों का उपयोग करके लगभग

4000 वर्ग मीटर का लिफाफा बनाया है।

(5) भारत के सत्तरवें स्वतंत्रता दिवस को मनाने के लिए 210 किलो के केक पर 70000 मोमबत्तियां जलाकर वर्ल्ड रिकॉर्ड्स इंडिया में दर्ज अपना नाम दर्ज किया|

(6) सारनाथ के धमेक स्तूप पर 17 भाषाओं में डबिंग करके एक वृत चित्र बनाया है जिसका परिणाम गिनीज वर्ल्ड रिकॉर्ड्स से प्रतीक्षारत है|

वे गीता शिक्षण में बहुमुखी प्रतिभा के धनी हैं। युवा पीढ़ी उनके गीता शिक्षण से प्रेरित है और उन्होंने अपने निरंतर प्रेरक, प्रोत्साहन और शिक्षाओं के माध्यम से कई युवाओं के जीवन को बदल दिया है।

उन्होंने गायत्री मंत्र को 1000 अलग-अलग धुनों में गाया है।

उन्होंने 108 अलग-अलग धुनों में हनुमान चालीसा को गाया है।

उन्होंने सैकड़ों संस्कृत भजन, देशभक्ति गीत आदि की रचना और गायन किया है।

उन्होंने कई सरकारी जागरूकता अभियानों के लिए कई लघु फिल्मों और वृत्तचित्रों का लेखन और निर्देशन किया है।

उन्होंने वीडियो और फोटोग्राफी के माध्यम से विभिन्न मुद्दों पर जागरूकता अभियान फैलाने के लिए यूपी पुलिस और केरल पुलिस को स्वैच्छिक सेवाएं दी हैं।

वह भारतीय संस्कृति, भारतीय मंदिरों और असाधारण लोगों के जीवन पर हजारों किताबें लिखने की राह पर हैं।

यह विश्वास करना कठिन है कि उन्होंने एक विशेष शहर (वाराणसी) पर

100 से अधिक वृत्तचित्रों का निर्माण और निर्देशन किया है, जो अकेले एक व्यक्ति द्वारा किया गया है।

उन्होंने 25 से अधिक लड़कों और लड़कियों को विभिन्न रचनात्मक और अभिनव तरीकों के माध्यम से विश्व रिकॉर्ड हासिल करने में मदद और मार्गदर्शन किया है।

एक बहुमुखी व्यक्ति जो ईश्वर प्रदत्त आशीर्वाद का उपयोग करके अपनी बुद्धि का सबसे अच्छा उपयोग करता रहता है| इसलिए वह कई चीजों को सीखने, अनुभव करने और प्रयोग करने और भेदभाव और असमानताओं की इस दुनिया में चमत्कार करने की अपार क्षमता प्रदान करता है। .

वह एक ही समय में एक शिक्षक और एक छात्र है जो हमेशा हर दिन सीखता है और हर दिन किसी न किसी को कुछ न कुछ पढ़ाता है। एक मास्टर के तौर पर उनकी कमजोरी यह थी कि वह कभी किसी खास विषय पर नहीं टिकते। शायद यही कमजोरी उसे किसी भी क्षेत्र में महारत हासिल करने की ताकत देती है।

उनका प्रत्येक दिन एक नया विषय सीखने के साथ शुरू होता है और वह अपना अधिकांश समय प्रयोग और शोध करने में व्यतीत करते हैं।

वह एक निस्वार्थ सामाजिक कार्यकर्ता और एक प्रेरक वक्ता भी हैं।

उनका जीवन भी संघर्ष, उतार-चढ़ाव और असफलताओं से भरा रहा है। लेकिन उन्होंने कभी हार नहीं मानी और आत्मविश्वास से भरे अपने सभी परीक्षणों और क्लेशों का सामना किया। आज वह एक सफल युवक है जिसके पास बहुत जोश और समृद्ध जीवन का अनुभव है।

उन्होंने अपनी ही धुन से पूर्ण रामचरित मानस 51 घंटे का ऑडियो

गाया है। उन्होंने पूरी भगवद-गीता को भी अपनी धुन में एक लयबद्ध पृष्ठभूमि के साथ गाया है।

उन्होंने 50 अलग-अलग भाषाओं में "लोका: समस्ता: सुखिनो भवन्तु" भी गाया है।

वर्तमान में वेद, उपनिषद, पुराण, भगवद गीता आदि पर विस्तृत और वैज्ञानिक अध्ययन पर काम कर रहे हैं।

वर्तमान में, वह 'यूरेशिया डिजिटल यूनिवर्सिटी' के मानद चांसलर हैं।

पुरस्कार

चार बार गिनीज वर्ल्ड रिकॉर्ड्स में नाम दर्ज।

महात्मा गांधी विश्व शांति पुरस्कार के विजेता।

महात्मा गांधी वैश्विक शांति राजदूत।

काशी रत्न पुरस्कार।

डॉ॰ ए॰पी॰जे॰ अब्दुल कलाम मोटिवेशनल पर्सन ऑफ द ईयर 2017।

मदर टेरेसा पुरस्कार।

इंदिरा गांधी प्रियदर्शिनी पुरस्कार।

भारत विकास रत्न पुरस्कार।

उद्योग रत्न पुरस्कार।

विज्ञान प्रसार पुरस्कार।

पूर्वांचल रत्न पुरस्कार।

डॉ. जगदीश पिल्लई वैदिक साइंस, भगवद्गीता आदि के टीचर है। उसके आलावा लेखक, गायक, फिल्म मेकर, जेमोलोजिस्ट, आस्ट्रो-वास्तु कंसलटेंट, वर्ल्ड रिकॉर्ड कंसलटेंट, प्राणिक हीलर, स्पिरिचुअल काउंसलर, टैरो कार्ड रीडर आदि विषयों में भी महारत हासिल है।

आप आल इंडिया मलयाली एसोसिएशन उत्तर प्रदेश के चेयरमैन है एवं भारतीय मानवाधिकार एसोसिएशन के 'संस्कृति एवं संस्कार' का राष्ट्रीय सचिव भी है।

आमुख

कई साल पहले जब जीवन का कुछ मुश्किल समय चल रहा था और उस समय को किसी तरह बिताने के लिए काशी के गंगा किनारे की घाटों में घूमने जाते थे| असी घाट से राज घाट यूं ही पैदल चला करता था| कुछ दिन चलने के बाद एक दिन मन में आया कि सीधे गंगा किनारे से चलने से अच्छा है कि हर घाटों के पीछे जो गलीयां है उस गलियों से भी घूमा जाए| वो मेरा सही निर्णय था क्यों की असली में हर एक घाट के पीछे क्या क्या कहानी है, कौन कौन से मंदिर है और ऐसे कई रहस्य चीज़ों की जानकारी मिलने लगी| फिर मैंने एक दिन एक हैंडीकाम लेकर हर घाट एवं घाट के पीछे के इमारतें मंदिर आदि भी देखने एवं शूट करने लगे| हर घाट के स्थानीय लोगों से उस घाट के बारे में पूछने एवं नोट करने लगे| एक अंकल जी ने मुझे सारे घाटों की इतिहास पर एक बहुत पुरानी किताब भी दिया|

कई महीने बाद मन में आया कि हर एक घाट के ऊपर एक एक वृत्तचित्र बनाते हैं और हम उसकी तैयारी में लगे| शायद एक शहर के किसी एक विषय के ऊपर इतनी वृत्तचित्र दुनिया में पहली बार बनता और गिनीज़ वर्ल्ड रिकॉर्ड में आने की सम्भावना है| उसी के लिए लिखे हुए स्क्रिप्ट को ही दुनिया के लिए और आने वाले सहलानियों के लिए किताब के सीरीज़ रूप में प्रकाशित करने की सोचा जो इस पुस्तक के रूप में आज प्रकाशित हुआ है|

वाराणसी शहर के गंगा किनारे लगभग सौ घाट हैं। इनमें से सबसे प्रसिद्ध और सबसे पुराने घाट दशाश्वमेघ, मणिकर्णिका और हरिश्चंद्र घाट हैं। वहाँ के कुछ घाट हिन्दू शासकों जैसे मालवा क्षेत्र की अहिल्या बाई होल्कर, ग्वालियर के पेशवा, आमेर के मान सिंह, जयपुर के जय सिंह आदि द्वारा बनवाए गए हैं। बनारस की कुछ प्रसिद्ध हस्तियों ने घाटों का नाम अपने नाम पर रखा है। मुंशी घाट का नाम हिंदी कवि मुंशी

प्रेमचंद के नाम से है, तुलसी घाट हिंदू कवि तुलसीदास जी के बाद दिया गया है जिन्होंने रामचरितमानस लिखा है।

अधिकांश घाट मराठा काल में बने थे। मराठा, होल्कर, भोंसले, शिंदे (सिंधिया) और पेशवे (पेशवा) वर्तमान वाराणसी के संरक्षक के रूप में रहे हैं। वाराणसी में सुबह की नाव की सवारी पर्यटकों के आकर्षण के रूप में दुनिया भर में प्रसिद्ध है। यदि आप काशी में एक पर्यटक के रूप में आते हैं तो घाटों के पार गंगा पर नाव में सवार होकर एक छोर से दूसरी छोर तक जाना एक महान स्मृति बनकर जीवन भर मैन में रह सकते हैं|

अधिकांश घाट स्नान एवं पूजा आयोजन के लिए प्रसिद्ध है, जबकि दो घाट विशेष रूप से श्मशान स्थलों के रूप में उपयोग किए जाते हैं जैसे हरिश्चंद्र घाट एवं मणिकर्णिका घाट।

अधिकांश वाराणसी घाटों का पुनर्निर्माण 1700 ईस्वी के बाद किया गया था, जब शहर मराठा साम्राज्य का हिस्सा था। वर्तमान घाटों के संरक्षक मराठा, शिंदे (सिंधिया), होल्कर, भोंसले और पेशवे (पेशवा) हैं। कई घाट पौराणिक कथाओं से जुड़े हैं जबकि कई घाट निजी स्वामित्व में हैं। घाटों के पार गंगा पर सुबह की नाव की सवारी एक लोकप्रिय आगंतुक आकर्षण है।

गंगा हमारे बहुत से पवित्र संस्कारों की साक्षिणीय है| गंगा के तट पर स्नान के अतिरिक्त हमारी संस्कृति से जुड़ी हुई बहुत से सामाजिक अनुष्टान संपन्न कराये जाते है| सभी अनुष्ठानों के केन्द्र में गंगा की पवित्रता और उनके प्रति लोगों का आस्था झलकती है|

गंगा के अभाव में इस अनुष्ठानों के परिकल्पना ही संभव नहीं है| हमारे अनुष्ठानों का शुभारम्भ बाल्यावस्था में मुंडन संस्कारए युवा अवस्था में विवाह मृत्यु पर दाह संस्कार एवं मृत्योपरांत तर्पण तक चलती है| इन सभी अवस्थावों की साक्षी माँ गंगा है| गंगा के तट पर बच्चों का मुंडन

कराना अत्यंत श्रेयस्कर मानते है| बच्चों के आलावा बड़े भी कभी कभी गंगा तट पर मुंडन करवाते नज़र आते हैं|

विवाह के बाद नव दम्पति सर्वप्रथम माँ गंगा का आशीर्वाद लेने अपने परिजनों के साथ आते हैं और गंगा पूजन कर गाठ खोलने की रस्म निभाते हैं | लगन के दौरान बहुत से नव विवाहित जोड़े इस रस्म की अदायकी के लिए घाटों पर दिखाई पड़ते है| उत्तराँचल का महापर्व शूर्य षष्टि जिसको लोग मानस के भाषा में छट कहा जाता है, यहाँ गंगा के किनारे भी बहुत भव्य एवं विशाल पैमाने पर आयोजित किया जाता है| शाम से ही अस्थालाचलागामी भगवान् भास्कर को अर्ध देने केलिए वृति महिलाओं का जन सैलाब उमड़ पड़ता है|

काशी में तर्पण का मतलब तर जाना होता है यानी मोक्ष प्राप्ति जो की हमारे जीवन का परम उद्देश्य है|

रानीघाट

1

रानीघाट

निषाद घाट एवं राजघाट के बीच स्थित इस घाट रानी घाट के नाम से प्रसिद्ध है| इस घाट के बगल में राजा घाट नाम की एक घाट होने से इतना तो अनुमान किया जा सकता है की यहाँ के राजमहल में किसी ज़माने में राजा के लिए अलग एवं रानी के लिए अलग घाट का निर्माण किया होगा| 1937 ई. में लखनऊ के इटौजा रियासत की रानी मुनिया साहिबा ने घाट के ऊपरी भाग में विशाल भवन का निर्माण कराया जिसे जानकी कुंज भी कहा जाता है।

घाट पर रानी साहिबा द्वारा भवन निर्माण के बाद भवन के समीप के घाट को रानी घाट कहा जाने लगा। 1937 तक यह घाट राजघाट का ही भाग था|

इस घाट के बहुत खाली जगह है, जिसे सुबह शाम व्यायाम और सत्संग के लिए प्रयोग किया जाता है| कुछ ही दूर पर यहाँ अखाड़ा भी है जहाँ प्रतिदिन लोग कुश्ती का लुफ्त उठाते है|

रानी घाट की विशेषता इसका सफ़ेद रंग में बना विशाल रानी महल जो की सैलानियों के लिए आकर्षण का केन्द्र बना हुआ है| गंगा के लहरों में नौका विहार करते हुए सैलानी इस सुंदर दिखने वाले महल की ओर

मोहित हो जाते है और बिना इस महल की प्रशंसा किये नहीं जग पाते|

घाट में आजकल कोई भी धार्मिक या सांस्कृतिक कार्यक्रम नहीं होता| सनानार्थियाँ की संख्या भी बहुत कम है| रानी घाट पर बनी महल की सुन्दरता को निहारते हुए एवं गंगा के अविरल प्रवाह को देखते हुए कुछ पल यहाँ बिताना कोन नहीं चाहता|

राजघाट

2

राजघाट

रानी घाट एवं खिड़किया घाट के बीच स्थित काशी के प्राचीनतम घाटों में राजघाट को सर्वप्रथम माना जाता है| मौर्यकाल से ही यह घाट महत्वपूर्ण धार्मिक सांस्कृतिक एवं व्यापारिक केन्द्र के रूप में मिलता है।

इस घाट के नामकरण के सन्दर्भ में ऐसी मान्यता है कि प्राचीन काशी के राजाओं का निवास स्थान इसी घाट के समीपवर्ती क्षेत्र में था। वर्तमान में राजघाट स्थित बसन्त महिला महाविद्यालय क्षेत्र को राजघाट किला क्षेत्र कहा जाता है। घाट पर वैष्णव, सम्प्रदाय के दो मठ तथा बदरी नारायण के मंदिर है।

वैसे भी कहावत है यथा नाम तथा गुण, सो राजघाट वास्तव में आज भी राजाओं का घाट प्रतीत होता है घाट अत्यन्त चैड़ा स्वच्छ एवं पक्का है। प्राचीन काल के स्थापित मन्दिरों के होने से घाट की शोभा और भी बढ़ जाती है।

राजघाट पर सुबह से शाम तक स्नानार्थियों स्थानीय लोगों व सैलानियों का जमावड़ा लगा रहता है।

यहाँ पर आस-पास नाविकों की भी बस्तियां है। अतः घाट पर नावों का मेला सा लगा रहता है। घाट के आस-पास बहुत से प्राचीन स्मारक है जो राजकाल के समृद्ध इतिहास की गाथा गाते है। तीज त्यौहार एवं स्नान पर्वो पर राजघाट स्नानार्थियों से खचाखच भरा रहता है। माघ के महीने में कुम्भ के समय घाट पर पावं रखने की भी जगह नही होती। इस प्रकार देखा जाय तो आज भी राजघाट की धार्मिक एवं सांस्कृतिक महिमा उसी प्रकार बनी हुई है।

जैसे जैसे कालांतर में काशी एवं काशी के घाटों का विस्तार दक्षिण की ओर बढ़ा वैसे वैसे इस घाट का महत्व कम होता गया| इस घाट के ऊपरी भाग में काशी रेलवे स्टेशन है| दक्षिणी भाग में संत रविदास से सम्बंधित विशाल मंदिर एवं विश्राम गृह है| संत रविदास मंदिर के सामने गंगा में महिषासुर तीर्थ की स्थिति मानी जाती हैए कुछ लोग इस घाट को महिषासुर घाट के नाम से भी पुकारते है|

खिड़किया घाट

3

खिड़किया घाट

राज घाट एवं आदिकेशव घाट के मध्य खिड़किया स्थित है| प्राचीन काल में यह वेदेश्वर घाट के नाम से जाना जाता था| वर्तमान में घाट पर पीपल वृक्ष के नीचे व्यायमशाला तथा एक शिवालय है। कच्चा होने के कारण घाट वृक्षों से भरा पड़ा है, जिसके ऊपरी भाग में बसन्त महिला महाविद्यालय और गाँधी विद्या संस्थान है। जो आज भी भारत के प्राचीन विषयों को नवीन रूप में तमाम विद्वानों की देखरेख में संचालित कर रहा है।

अति प्राचीन घाटों में शुमार खिड़कीया घाट पर प्रायः स्थानीय निवासियों की ही भीड़ रहती है। व्यायामशाला में स्थानीय युवक व्यायाम एवं कुश्ती की दीक्षा लेते है एवं गंगा स्नान कर भगवान शिव की अर्चना पूजा का लाभ लेते है। गांधी विद्या संस्थान एवं वसन्त महिला महाविद्यालय के होने से यहां प्रायः विद्यार्थियों की भी भीड़ रहती है। इस घाट पर नाविकों का भी जमावड़ा रहता है। यहाँ वे अपनी नाव आदि का सुधार कार्य भी करते है। प्राचीन शिवालय होने के कारण आज भी घाट उपयोग में है एवं लोगों की आस्था का केन्द्र है।

वर्तमान में घाट धार्मिक व सांस्कृतिक द्रिष्टि से विशेष महत्वपूर्ण नहीं है किन्तु घाट के दक्षिणी भाग में अधिक संख्या में लोग स्नान करते है|

बिहार या कोलकत्ता से सड़क मार्ग से काशी में आने वाले लोग सर्वप्रथम यही घाट पर उतारकर नौका में सवार होकर घाटों का आनंद लेते है|

इस घाट के समीप ही संत रविदास मंदिर होने के कारण, उनके जयंती पर इस घाट पर भी श्रधालुओं की अधिक भीड़ होती है|

आदिकेशव घाट

4

आदिकेशव घाट

गंगा वरुणा नदियों के संगम के समीप स्थित आदिकेशवघाट काशी में गंगा के उत्तरी सीमा पर स्थित अन्तिम घाट है। गंगा-वरुणा के समीप होने के कारण इसे गंगा वरुणा संगम घाट भी कहते है। इसे काशी का प्रथम एवं प्रमुख विष्णु तीर्थ भी माना जाता है।

इस घाट के सन्दर्भ में उल्लेख मिलता है कि शिव के आदेश से विष्णु गरुड़ पर आरूढ़ होकर जब प्रथमतः काशी आये तो सर्वप्रथम उनके चरण इसी स्थान पर पड़े। उल्लेखनीय है कि जिस स्थान पर विष्णु ने सर्वप्रथम चरण रखा तथा गंगा में चरण धोया उस स्थान को पदोदक तीर्थ कहा गया। यह तीर्थ इसी घाट के सामने गंगा में माना गया है। ऐसी भी मान्यता है कि घाट पर विष्णु ने स्वयं की मूर्ति भी स्थापित की थी। काशी में विष्णु की प्रथम मूर्ति एवं मंदिर की उपस्थिति इस घाट पर होने के कारण ही इसे आदिकेशव घाट कहा गया।

18वीं सदी में सर्वप्रथम बंगाल की महारानी भवानी ने इस घाट को पक्का कराया जिसका पुनः नव निर्माण ग्वालियर राजवंश के दीवान नरसिंह राव शितोले ने 1906 ई. में कराया। घाट पर आदिकेशव के अतिरिक्त ज्ञान केशव, संगमेश्वर, पंचदेवता, विनायक तथा दो अन्य शिव मंदिर भी है। इसके अलावा यहँ व्यायामशाला भी है। यह गंगा और वरुणा के

संगम होने के कारण यहाँ स्थान का विशेश महत्व है।

काशी के कण-कण में शिव तो विराजते ही है लेकिन वैष्णव मंदिरों में इस मंदिर का प्रमुख स्थान है। काशी में सिर्फ यही एक जगह है जहाँ गरूड विचरने आते हैं। दो नदियों का संगम स्थल होने के कारण दोनों नदियों तट प्रकृतिक संपदा से परिपूर्ण है। हरियाली बस मन को भा लेती है।

शूलटान्गेश्वर घाट

5

शूलटान्गेश्वर घाट

चितईपुर से होकर चुनार मार्ग पर कुछ दुर यात्रा करने पर माधोपुर गांव आता है। शहर से दूर होने के कारण माधोपुर गंगा की किनारे बसा हुआ एक अति रमणीय स्थल है। यहाँ भगवान शिव जी का एक अति प्राचीन मंदिर स्थित है। कहा जाता है कि भगवान शिव अपने श्रीशूल यहीं टांग दिये थे और पौराणिक कथाओं के अनुसार शूलटान्गेश्वार से लेकर वरुणा नदी के किनारे स्थिति आदि केशव मंदिर तक भगवान् शिव शयन कर रहे हैं। उस अवस्था में उनका मस्तक जटायें शूलटान्गेश्वार में माना जाता है। इसलिये यह काशी के धार्मिक स्थलों में प्रमुख स्थान रखता है। वर्तमान में भी जटाधारी संतगण यहाँ विचरण करते हुए नजर आते है।

यहाँ पर गंगा का धारा अति निर्मल एवं स्वच्छ है। घाटों का निर्माण भी बहुत सुन्दर है। धाटों के किनारे राम जानकी मन्दिर, दुर्गा मंदिर और शिव जी का मन्दिर है। यहाँ की प्रकृति सौन्दर्य निर्मल गंगा एवं स्वच्छ घाट, आध्यात्मिक रूप से प्रसिद्ध शूलटान्गेश्वार जी का दर्शन अपने आप में एक अद्भुत एवं अविस्मरणीय अनुभूति है।

सामने घाट

6

सामने घाट

काशी हिन्दू विश्वविद्यालय के सबसे करीब बनारस के औद्योगिक शहर रामनगर को जोड़ती हुई यह घाट सामने घाट है।

इसकी सबसे बड़ी खुबी यह है कि यह काशी नरेश के निवास यानी रामनगर के किला इस घाट के सामने पड़ती है और इस घाट से गंगा पर अस्थाई पीपे का पूल का निर्माण होता है। जो वर्षा ऋतु के अतिरिक्त 9 महीने के इस पार से उस पार को जोड़ती है। यहाँ पर अब एक स्थायी पुल का निर्माण भी हो चूका है| सामने घाट से गंगा के किनारे बसे हुए बहुत से घाटों का मार्ग निकलती है। देशा की सबरो बड़ा ट्रामा सैंटर यहाँ से बस चंद मिनटों की दूरी पर हैं जोकि काशी हिन्दू विष्वविद्यालय के ही प्रभुत्व में है।

इसी घाट पर साई मंदिर एवं शिव मंदिर भी स्थित है। इस घाट में स्नान के लिये अलग से सीढ़ियाँ नही है और आध्यात्मिक द्रिष्टि से महत्वपूर्ण भी नहीं है।

संत रविदास घाट

7

संत रविदास घाट

महामना मदन मोहन मालवीय जी के कर्मस्थली काशी हिन्दू विश्वविद्यालय के पास नगवां मोहल्ला में स्थित संत रविदास पार्क एवं गुरू रविदास घाट बरबस ही सैलानियों एवं काशी हिन्दू विश्वविद्यालय में पढ़ने वाले विद्यार्थीयों एवं काशी वासियों का मुख्य आकर्षक का केन्द्र है।

वे अपने समय के जाने माने संत कवी थे। उनकी द्वारा लिखी गयी रैदास जी के चालीस पदों को गुरू ग्रंथ साहब में भी शामिल किया गया है। यह घाट आधुनिक निर्माण काल का मूर्त रूप है। सुव्यवस्थित एवं मनभावन शैली में निर्मित साफ-सुथरा यह घाट अपने आप में अनूठा है। घाट की किनारे बीच-बीच में खुबसूरत शैली में निर्माण विश्राम स्थल है। वहां बैठकर गंगा को निहारना बहुत ही सुखद अनुभूती है। इस घाट से लगा संत रविदास पार्क की हरियाली मन को मोह लेती है।

बच्चें सांयकाल यहाँ तरह-तरह के क्रीड़ा में व्यतित करते है। बड़े भी अपनी लक्ष्य दिन चर्चा में से सुकुन के कुछ पलों की तलाश में गुरू रविदास घाट एवं पार्क में आने की इच्छा रखते है।

बनारस जैसी व्यस्त शहर के महल हरियाली युक्त स्वच्छ यह घाट बार-बार लोगों को शांती एवं सुकुन प्रदान करती है।

साईबेरियन पक्षियाँ

8

साईबेरियन पक्षियाँ

नवम्बर – दिसंबर की गुलाबी ठंड गंगा के तट पर कुछ प्रवासी पक्षियां मेहमान बनकर आती है| उनकी अटखेलियाँ और झुण्ड के झुण्ड में उड़ान गंगा में सैलानियों की आकर्षण का केन्द्र होता है| लोग उन्हे देखने केलिए यहाँ आते है और उनके विभिन्न क्रिया कलापों को अपने कैमरे में कैद करते रहते है|

ये प्रवासी पक्षियाँ बहुत दूर साईबेरिया से उड़कर अभ्गानिस्थान के रास्ते भारत में प्रवेश कर काशी आजाते है| काशी के आलावा यह इलाहाबाद के संगम एवं भरतपुर के पक्षी विहार में भी अपनी तात्कालिक आशियाना बनाते है| यह पक्षियाँ सर्द मौसम पसंद करती है| जब इनके देश साईबेरिया में जलवालु परिवर्थन होता है और गर्मी आती है तभी ए ठंड की खोज में भारत की मैदानी इलाकों की और हज़ारों मील की लम्बी उड़ान पर निकलते है| यहाँ पर फरवरी के अंत तक मौसम के बदलते ही वे वापस अपने वतन चले जाते है|

श्रृंगार-ए-शमशान

9

श्रृंगार-ए-शमशान

शमशान का नाम जहन में आते ही जीवन की समाप्ति, नीरसता एवं नश्वरता का बोध होता है| मृत्यु नामक अकाट्य सत्य पुनः परिभाषित होती है| इस अंतिम सत्य का साक्षी स्वरुप जलती चिताएं और चिता भस्म काशी के शमशान के पहचान है|

क्या इस वीरान भूमि पर भी जीवन किसी और स्वरुप की कल्पना की जा सकती है| विषाद और वेदना की इस तपो भूमि पर उल्लास और उमंग की बरात एक विरोधाभास ज़रूर है| काशी की निराली और अनूठे आचारों में शामिल एक अतिविशिष्ट आयोजन वर्ष में एक बार राम नवमी के शुभ अवसर पर इस महान शंशान की महा निशा में श्रृंगार करती है|

घाट पर स्थित शंशानेश्वर एवं महाकालेश्वर महादेव का वार्षिक श्रृंगार की परंपरा है| इस दिन महा मृत्युंजय मंदिर से शिव की बारात महाशमशान मंदिर तक आती है| इसके साथ ही शमशान बाबा का त्रिरात्रिय श्रृंगार एवं जलशायि घाट पर सांस्कृतिक कार्यक्रमों के साथ उत्सव की माहौल शुरू हो जाती है| राम नवमी के बाद दसवीं पर महाकालेश्वर मंदिर का श्रृंगार होता है| दोनों जहाँ के मुख्य आकर्षण नगर वधुवों की नृत्य की आयोजन किये जाने के परंपरा है| सामजिक बहिष्कार की शिकार इन नगर वधुओं का भगवान् के प्रांगन में स्वागत

और उन्हें अपने कला प्रदर्शन का सु-अवसर यह दर्शाता है की भगवान् के द्रिष्टि मैं रजा-रंग, नर-नारी, उच्च-कुलीन या नगर वधु सभी समान है|

नगर वधुओं का नृत्य भगववान भोले के चरणों में उनका आत्मनिवेदन होता है| उनकी कामना यह रहती है की उन्हें अगले जनम में समाज में सम्मान दायक स्थान मिलें| इसी शुभ आकांक्षा के साथ वर्ष पर्यंत यहाँ पर नृत्य प्रस्तुति का इंतजार भक्ति एवं समर्पण से करते है| भगवान् के सामने नृत्य प्रस्तुत कर अपने को धन्य मानते है|

जब शिव की बरात घाट पर पहुँचती है उनके नगाड़ों, डमरू एवं अन्य वाध्ययंत्रों के साथ जयकारे के साथ भव्य स्वागत किया जाता है और शमशान घाट पर स्थित महाशमशान एवं महाकालेश्वर का अति भव्य नयनाभिराम, भक्तविभोर करने वाला श्रृंगार एवं आरती किया जाता है|

सुबह-ए-बनारस

10

सुबह-ए-बनारस

सुबह सुबह का पवित्र स्वच्छ एवं सुन्दर आनंद दायक वातावरण गंगा के किनारे भगवान् भास्कर अपने अरुणिम आभा के साथ अम्बर में प्रत्यक्ष होने के पल को अपलक निहारते भक्तजन| उदयभानु के स्वागत में फिजा में वेदमंत्रों के स्वर लहरियों की श्रधांजलि के साथ "सुबह-ए-बनारस" शुरू होती है|

एक अच्छे दिन की कामना के साथ ईश् आराधना के स्वरों के साथ बनारस के एक दिन का श्रीगणेश सुबह-ए-बनारस के साथ होती है| सुबह सुबह का मौसम शाँत, भक्तिमय, सुरभित, अलौकिक एवं आध्यात्मिक तरंगों से युक्त आत्मशान्ति प्रदान करने वाली एवं एक नव उर्जा का संचार करने वाली दिन की शुरुआत वहां उपस्थित हर एक व्यक्ति के भीतर गहराई तक उतर जाती है|

सुबह-ए-बनारस के प्रमुख कार्यक्रमों में काशी के जीवन धारा में गंगा की आराधना गंगा आरती जो अपने आप में सुबह-ए-बनारस की एक भव्य एवं अध्यात्मिक आयोजन है| स्वस्थ के प्रति सचेत काशी वासी एवं सैलानी एक साथ गंगा तट पर योगाभ्यास करते है|

प्रतिदिन अलग अलग कलाकारों द्वारा शास्त्रीय संगीत की विभिन्न विधाओं का प्रस्तुतिकरण भी सुबह-ए-बनारस की एक बेजोड़ अनुभव है।

सन्दर्भ

|| इस पुस्तक को तैयार करने में सहयोग देने वाले हर एक व्यक्ति को दिल से मेरा प्रणाम ||

विशेष धन्यवाद

डॉ. हरी शंकर जी

लेखक

(काशी के घाट - कलात्मक एवं सांस्कृतिक अध्ययन)

वाराणसी प्रशासन

स्थानीय लोग

൭ഗ

संपर्क सूत्र

9839093003

myrichindia@gmail.com

facebook.com/drjagadeeshpillaiofficial

youtube.com/drjagadeeshpillai

|| लोकाः समस्ताः सुखिनो भवन्तु ||

www.ingramcontent.com/pod-product-compliance
Lightning Source LLC
Chambersburg PA
CBHW031510150726